Los derechos de la autora

Editor: That's Love Publishing LLC.
Translator: Traucido por Carmen Serrano.
ISBN 978-1-953751-16-4
Impreso en los Estados Unidos de Ame'rica.
Pedidos por libreri'as U.S. y mayoristas.

Para comunicarse con E. Basora
Escribe a: thatsLovepublishing@gmail.com
sitio de web: thatsLovepublishing.com

Dedicacio´n

A la mujer de Proverbios 31 en mi vida que inspiro este libro. A mi hermosa mama´, que siempre ha demostrado Alegri´a incluso durante la tormenta y por ser un ejemplo del amor de Cristo. Ella me ejemplifico´ a ser una mujer conforme al corazo´n de Dios. Gracias por animarme siempre a ser quien Dios me ha creado para ser, a caminar en mi llamado y a practicar mi don, especialmente en mi escritura..

Mi Mama: una mujer de Proverbios 31

En el libro de Proverbios, Dios pinta a una mujer noble como un retrato hermoso. La mujer de Proverbios fue escrita como una mujer que seri’a digna de un rey.

Si esto es cierto, y todas las escrituras son verdaderas, esta escritura nos describe a ti y a mi’, quienes fuimos creadas a la imagen de nuestro Rey. Aunque esto fue escrito durante una e’poca diferente a la nuestra, todavi’a podemos aplicarla a nuestras propias vidas hoy en di’a y esforzarnos por ser como la mujer de Proverbios 31. Todos los Proverbios se encuentran en la Nueva Versio’n Internacional.

Mi mamá es un gran ejemplo de la mujer de Proverbios 31. Creo que tu Mamy, Nana, Abuelita, Tía o la figura que has tenido como Madre puede ser el modelo de mujer de Proverbios 31 en tu vida.

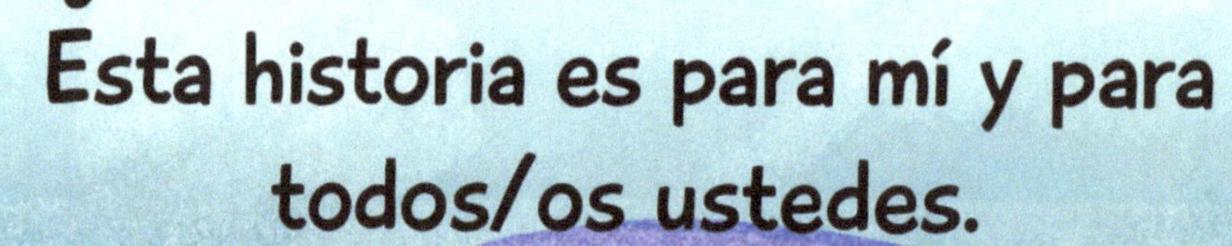

Esta historia es para mí y para todos/os ustedes.

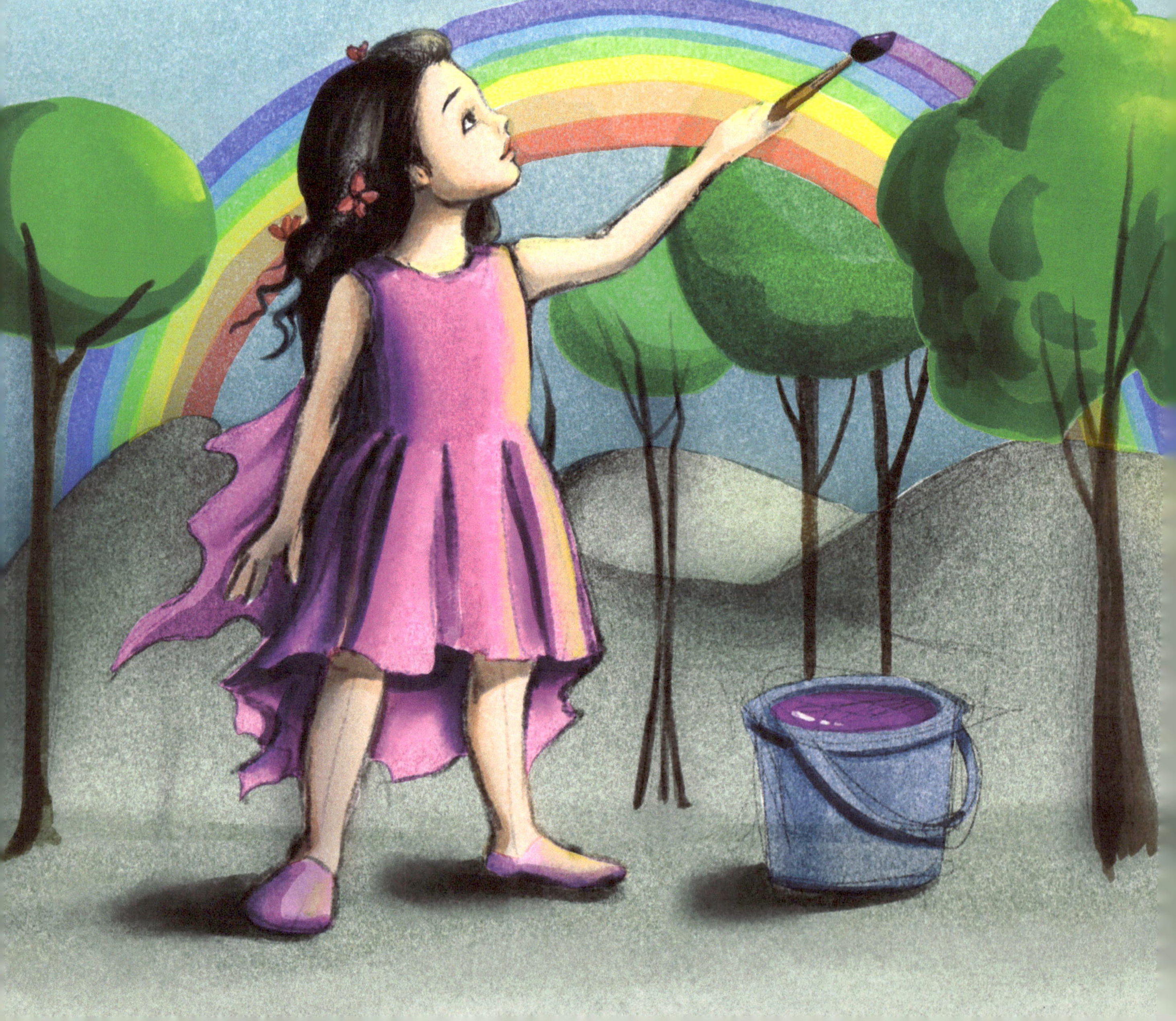

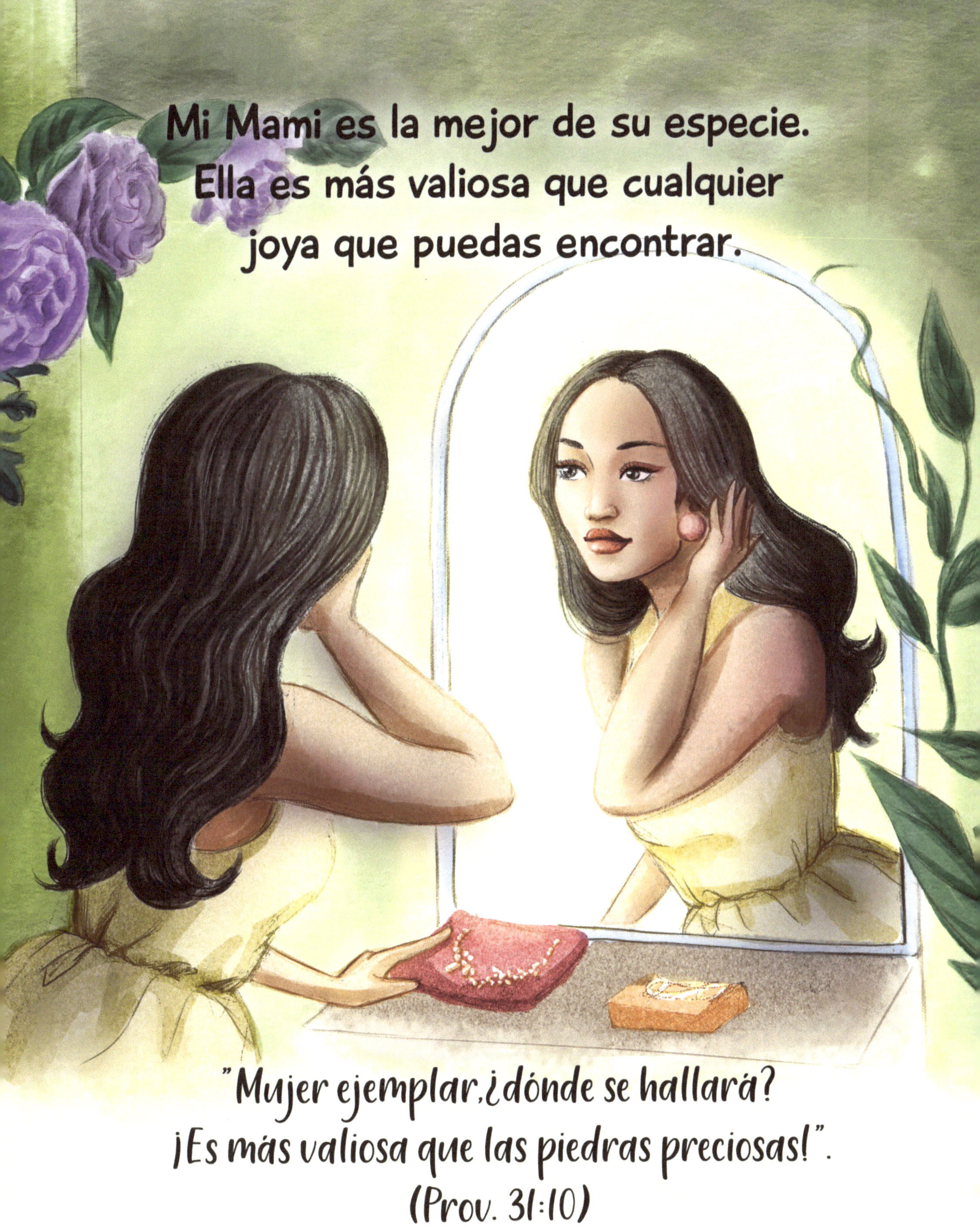

Mi Mami es la mejor de su especie. Ella es más valiosa que cualquier joya que puedas encontrar.

"Mujer ejemplar, ¿dónde se hallará?
¡Es más valiosa que las piedras preciosas!".
(Prov. 31:10)

Hace un trabajo maravilloso haciendo malabares con nuestro mundo.Nunca terminamos en un torbellino.

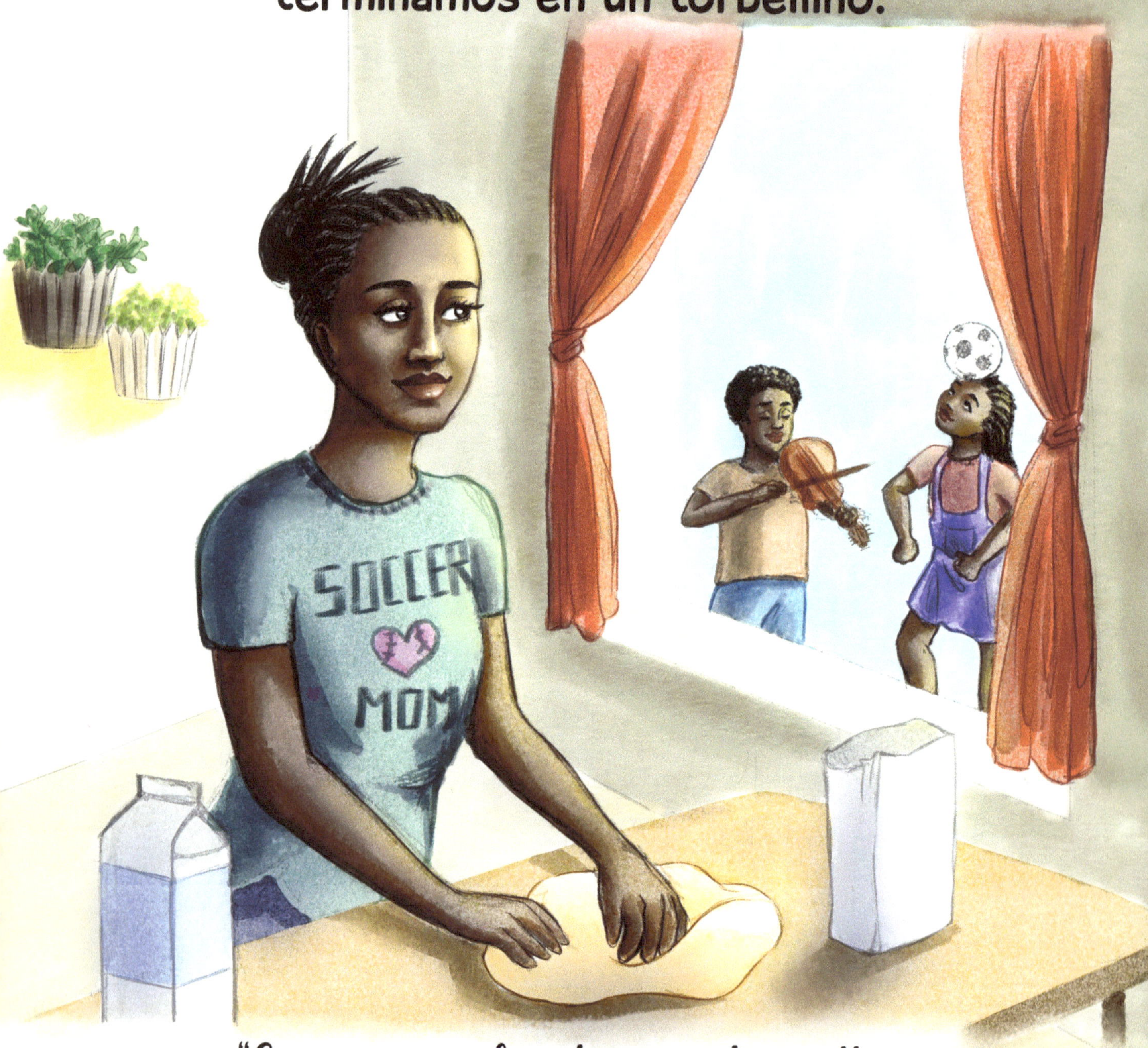

"Su esposo confía plenamente en ella
y no necesita de ganancias mal habidas."
(Prov. 31:11)

Mami nos mantiene a salvo de cualquier daño. Ella nos enseña a hacer lo correcto, incluso cuando alguien nos tuerce el brazo.

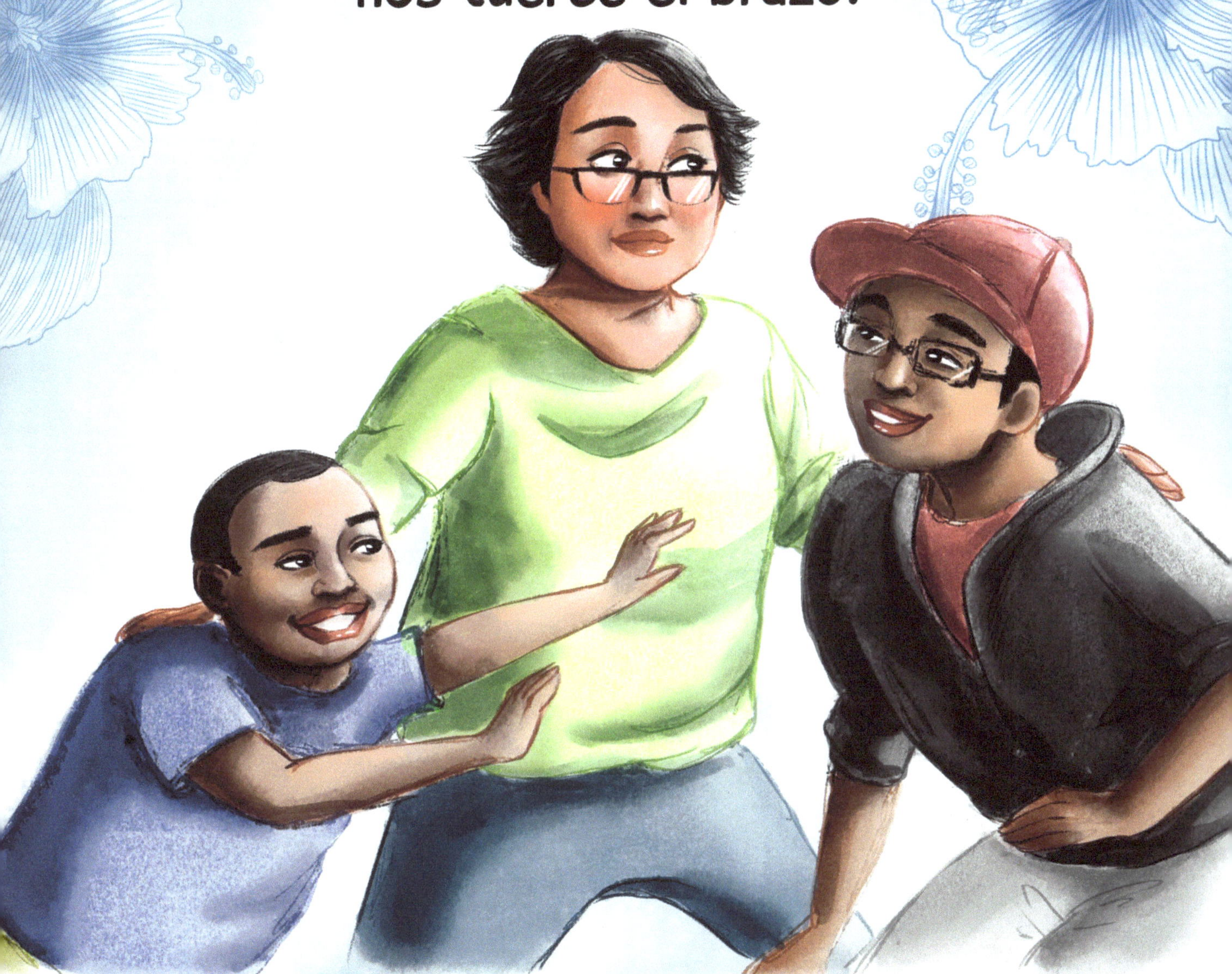

"Ella le es fuente de bien, no de mal, todos los días de su vida." (Prov. 31:12)

Ella está ansiosa por probar cosas nuevas, especialmente conmigo. Mami dice: "Recuerda siempre, el mejor regalo es el que se hace con amor y siempre es gratis".

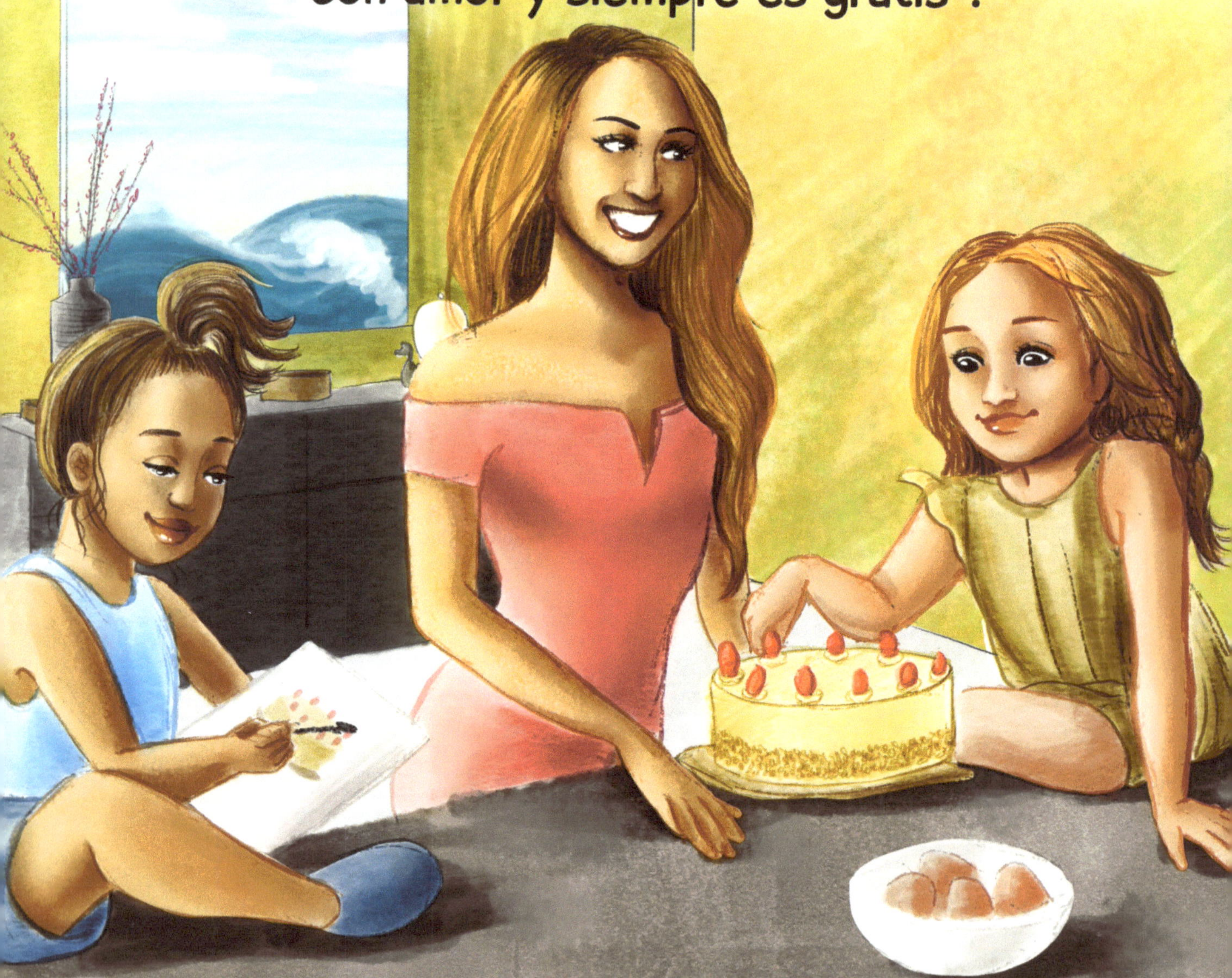

"Anda en busca de lana y de lino,
y gustosa trabaja con sus manos." (Prov. 31:13)

Conducimos por toda la ciudad los días de compras. A mami le gusta comprar cosas y usa cupones de descuento.

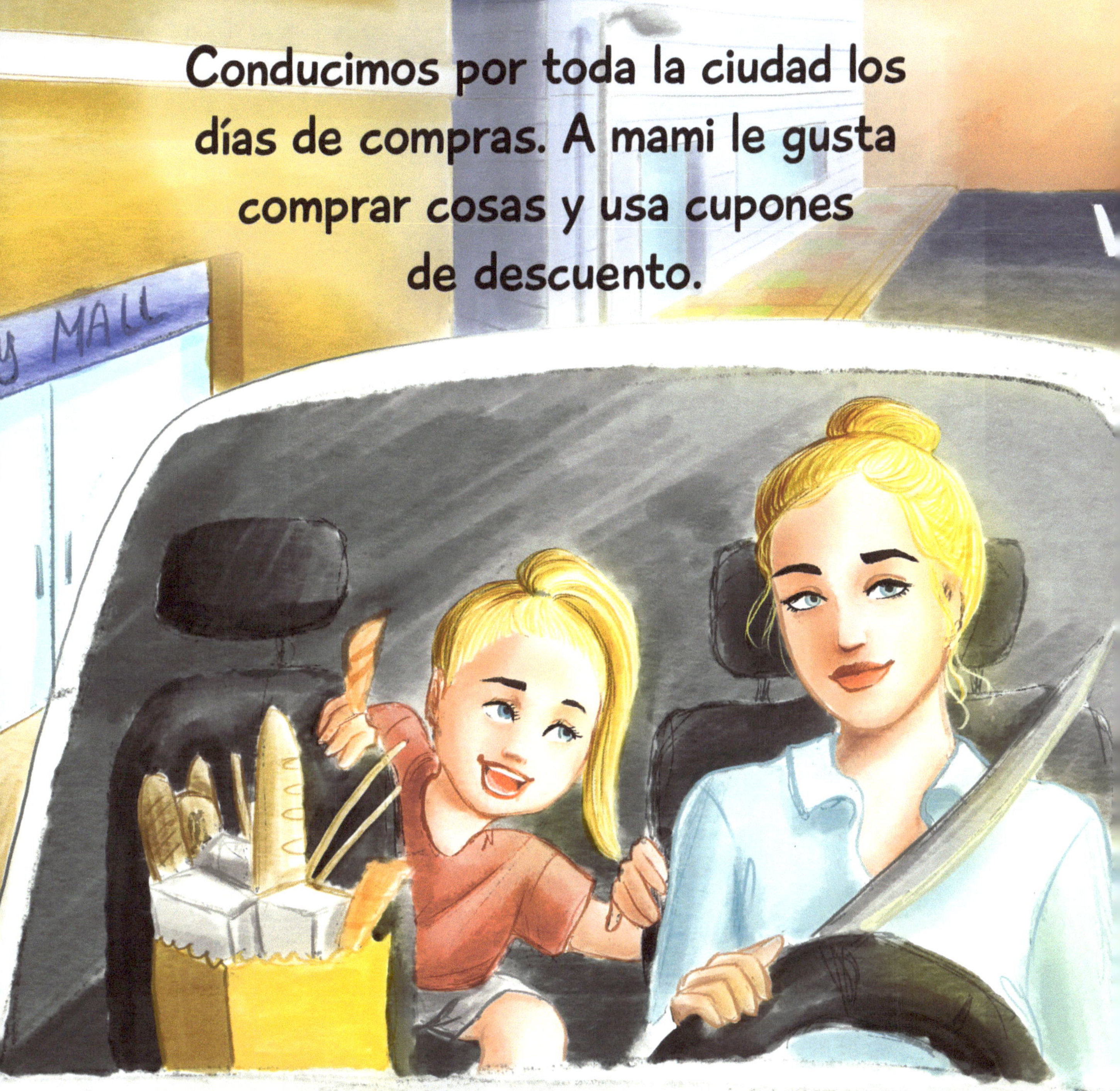

Ella "Es como los barcos mercantes, que traen de muy lejos su alimento." (Prov. 31:14)

Antes de que el sol diga hola, Mami se despierta y nos prepara para el día. Algunos días obtengo mi desayuno favorito; Tostada francesa, con queso crema y miel de arce, servida en bandeja.

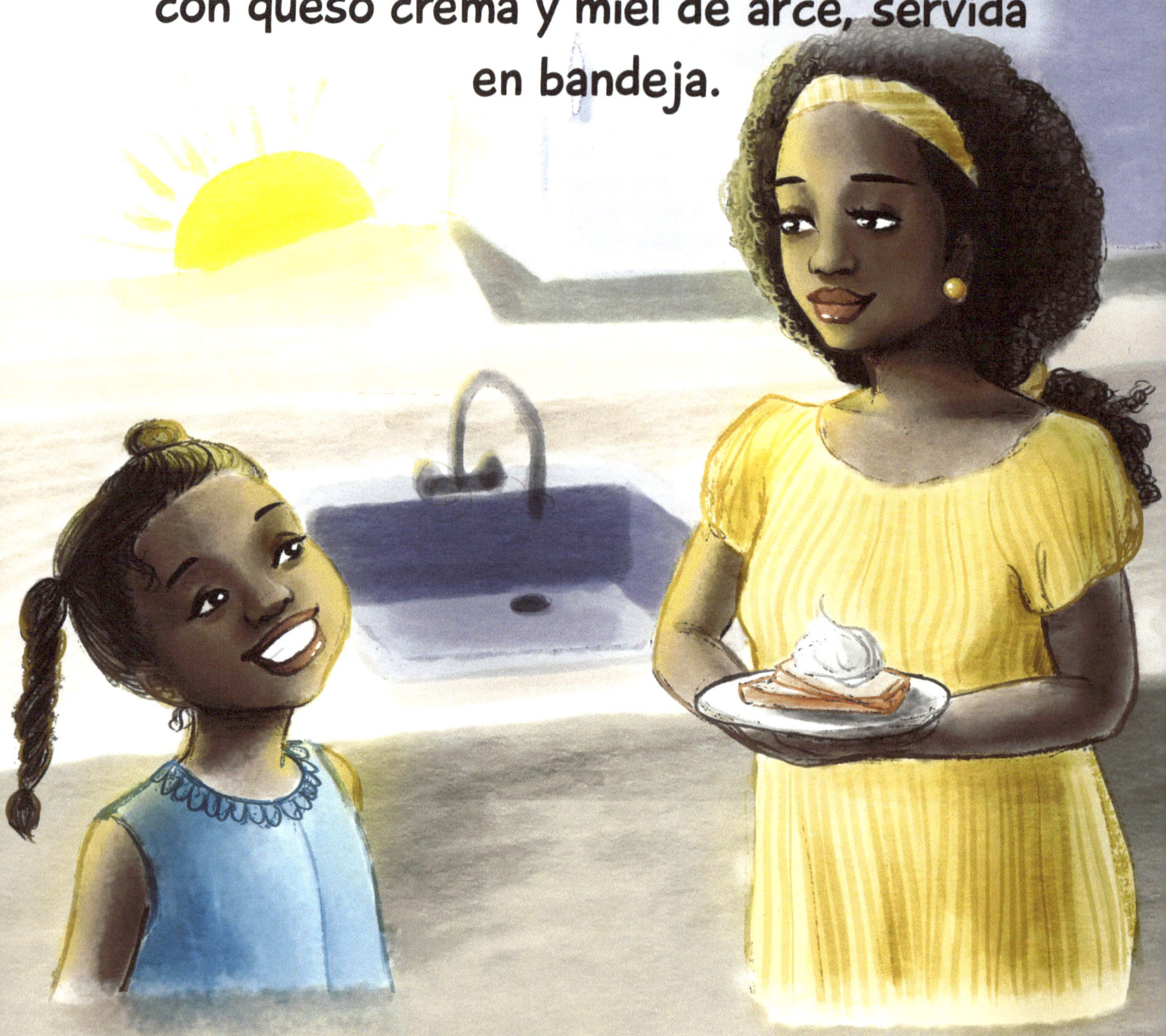

"Se levanta de madrugada, da de comer[a su familia y asigna tareas a sus criadas." (Prov. 31:15)

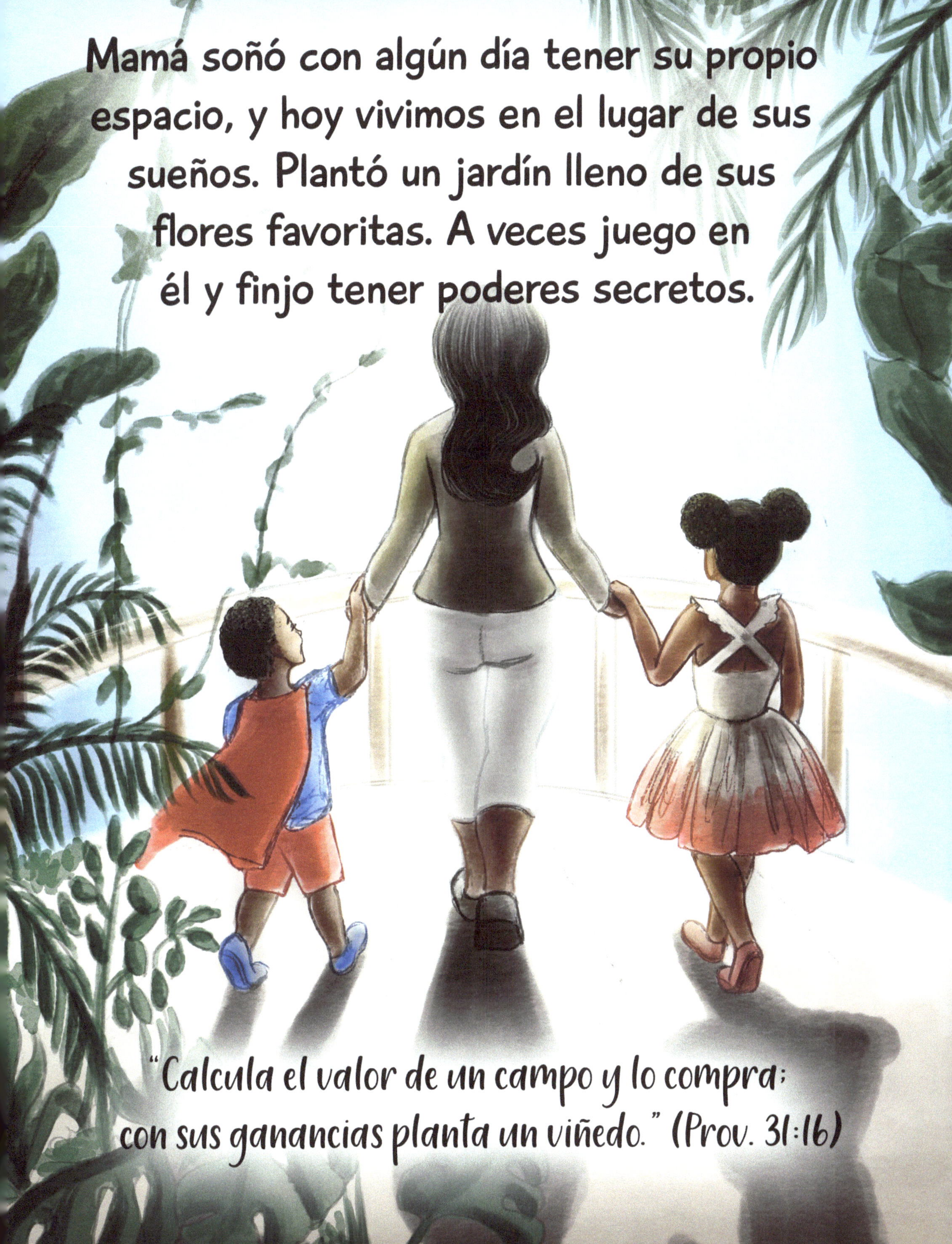

Mamá soñó con algún día tener su propio espacio, y hoy vivimos en el lugar de sus sueños. Plantó un jardín lleno de sus flores favoritas. A veces juego en él y finjo tener poderes secretos.

"Calcula el valor de un campo y lo compra; con sus ganancias planta un viñedo." (Prov. 31:16)

Mami es fuerte y trabaja sin cesar. Ella hace una variedad de cosas como desyerbar su jardín, ayudarme con los proyectos escolares y asegurarse de que nuestra pila de ropa sucia no aumente.

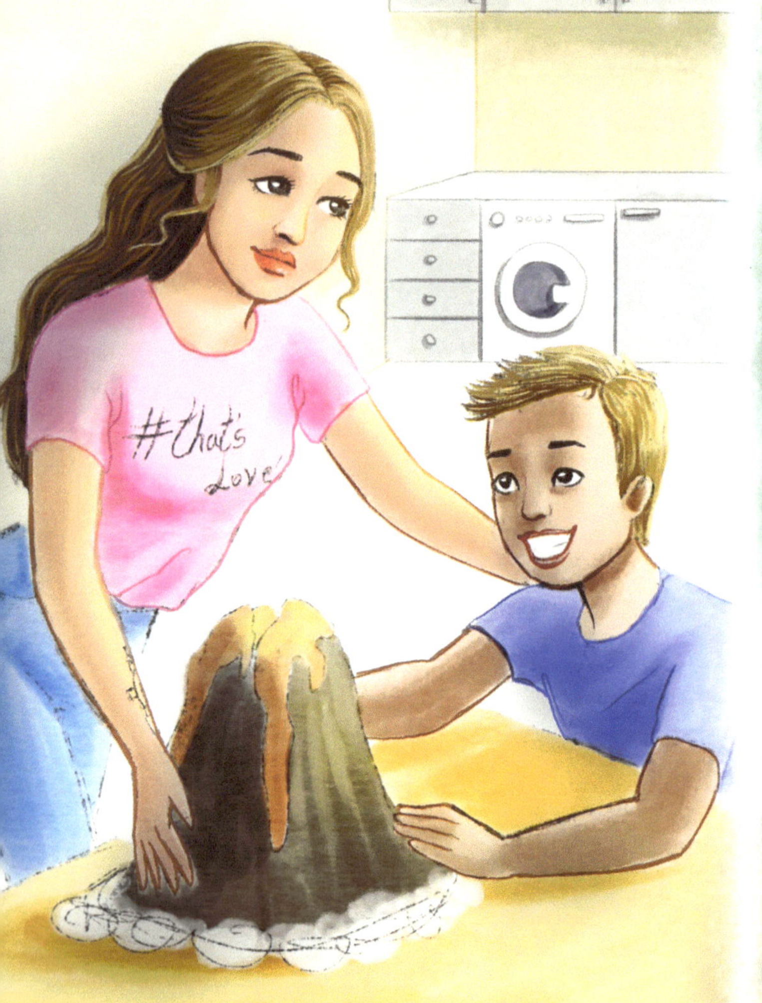

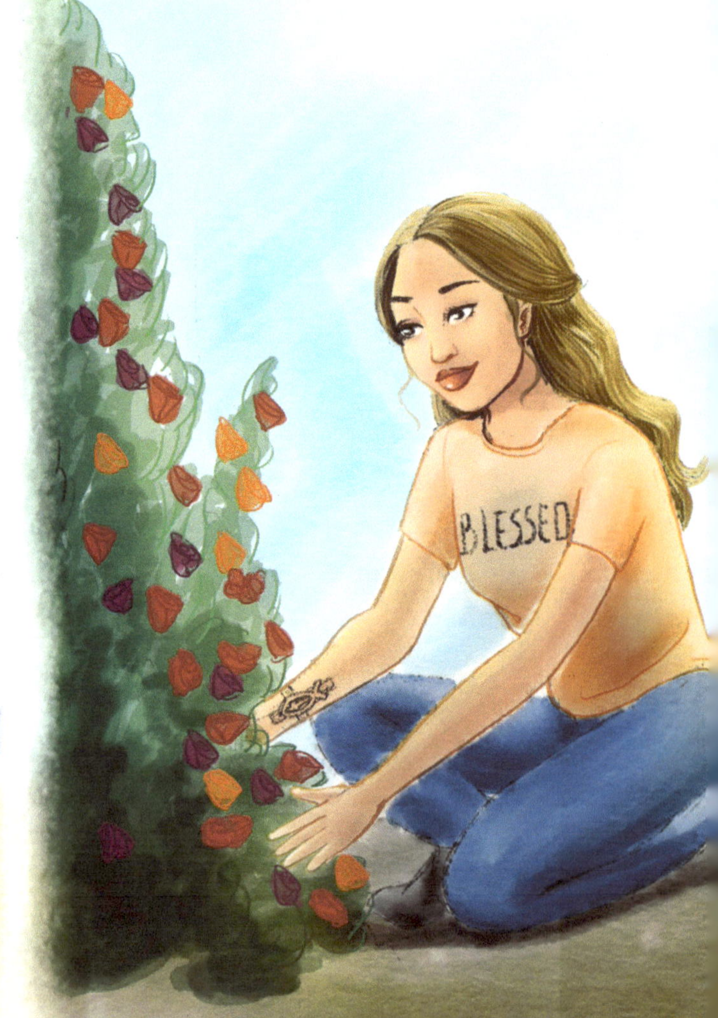

"Decidida se ciñe la cintura y se apresta para el trabajo. (Prov. 31:17)

Su trabajo continúa después de descansar la cabeza. Se queda despierta hasta tarde completando las tareas pendientes antes de irse a la cama.

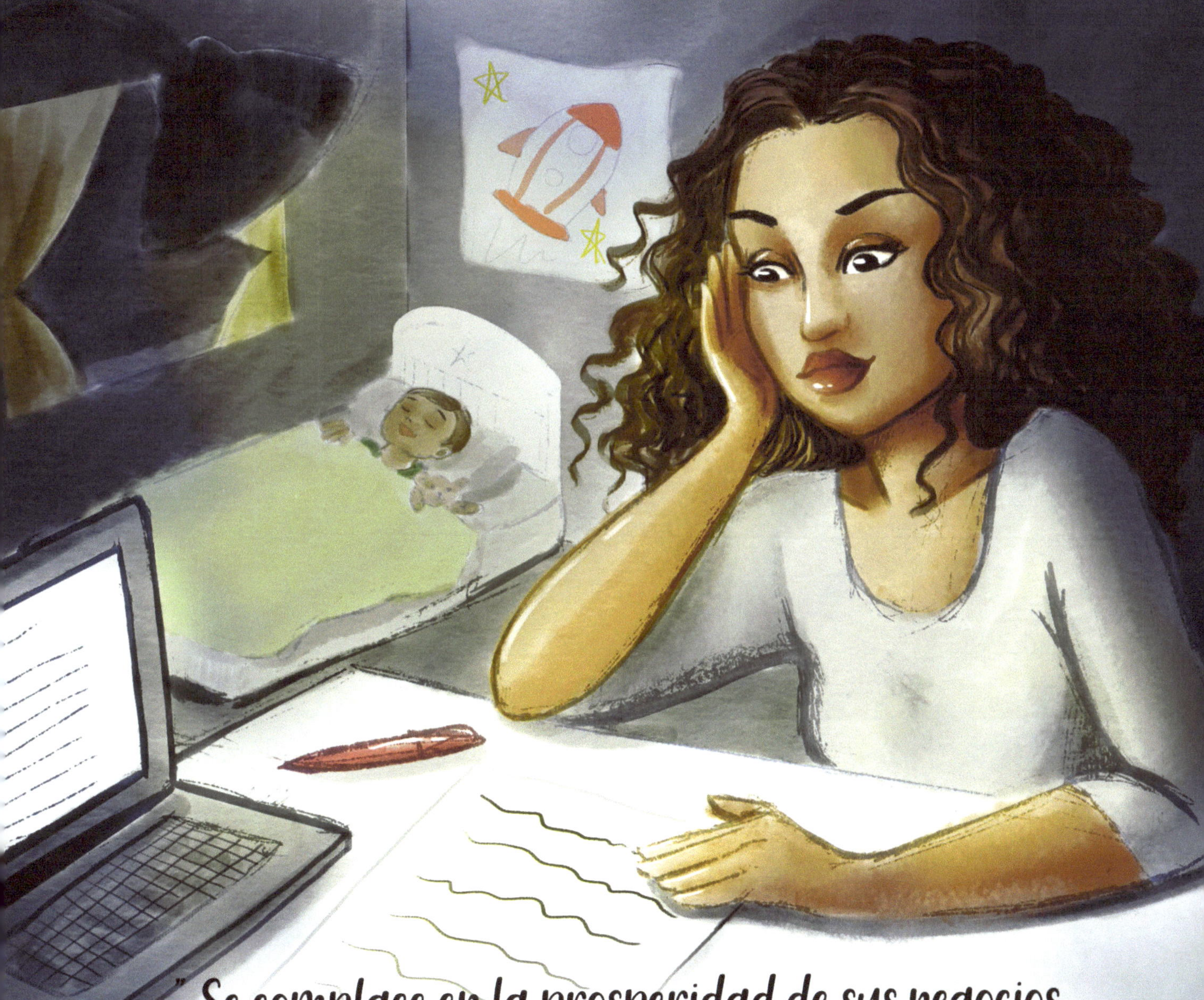

"Se complace en la prosperidad de sus negocios,
y no se apaga su lámpara en la noche." (Prov. 31:18)

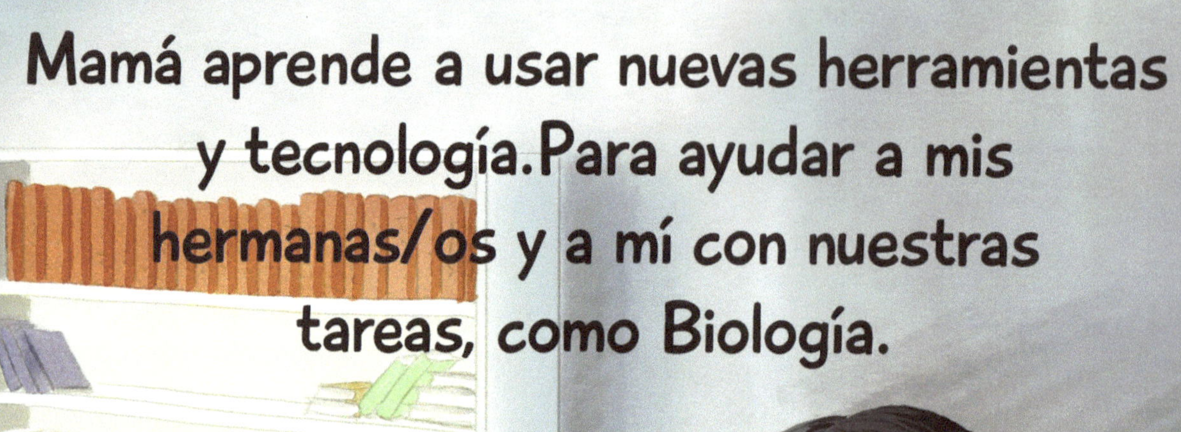

Mamá aprende a usar nuevas herramientas y tecnología.Para ayudar a mis hermanas/os y a mí con nuestras tareas, como Biología.

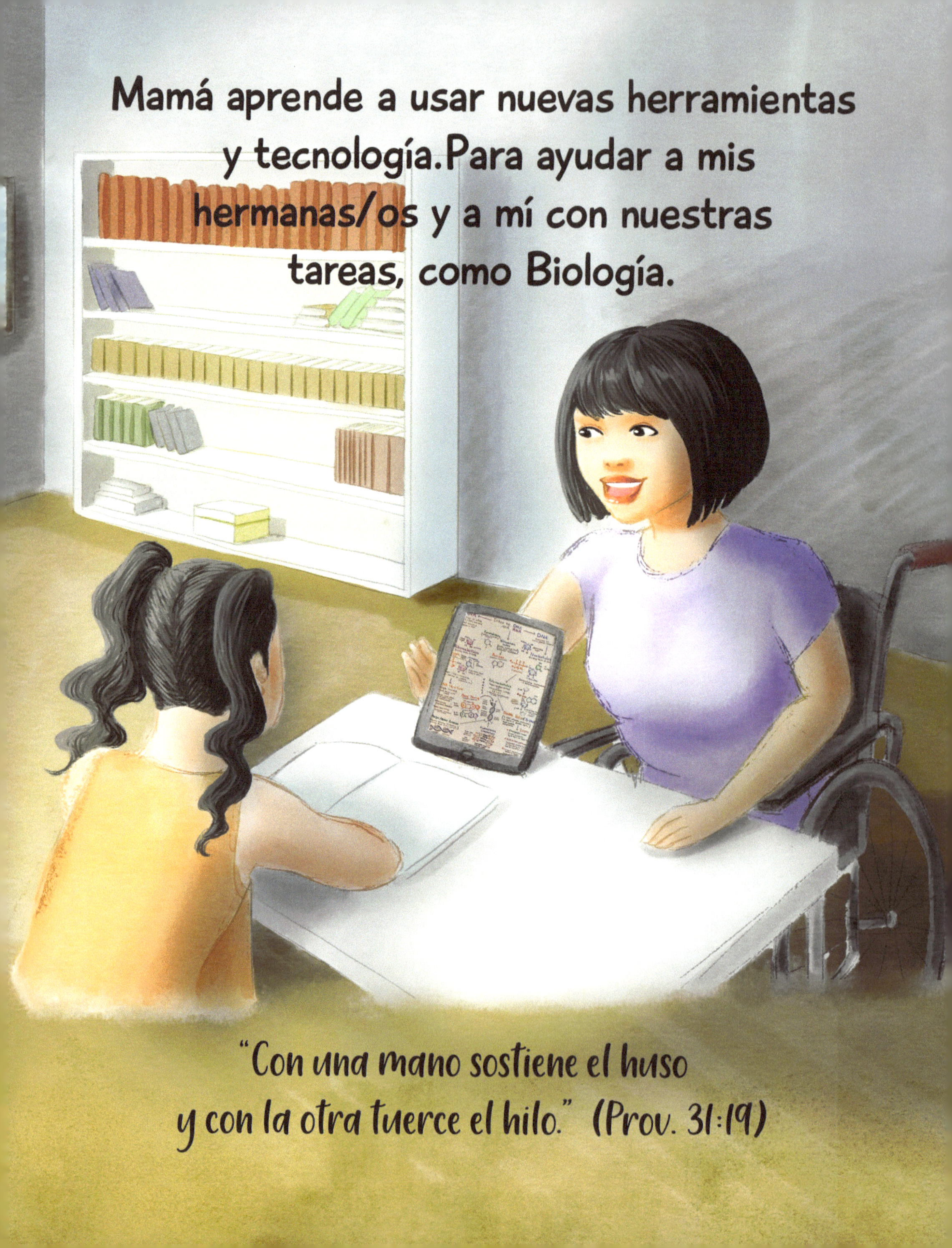

"Con una mano sostiene el huso
y con la otra tuerce el hilo." (Prov. 31:19)

Mami nos enseña a amar a nuestro prójimo y a dar libremente. Ella nos muestra cómo amar a los pobres y los necesitados. Ella dona artículos y es voluntaria. Ella me anima a ayudar a mis compañeros (as).

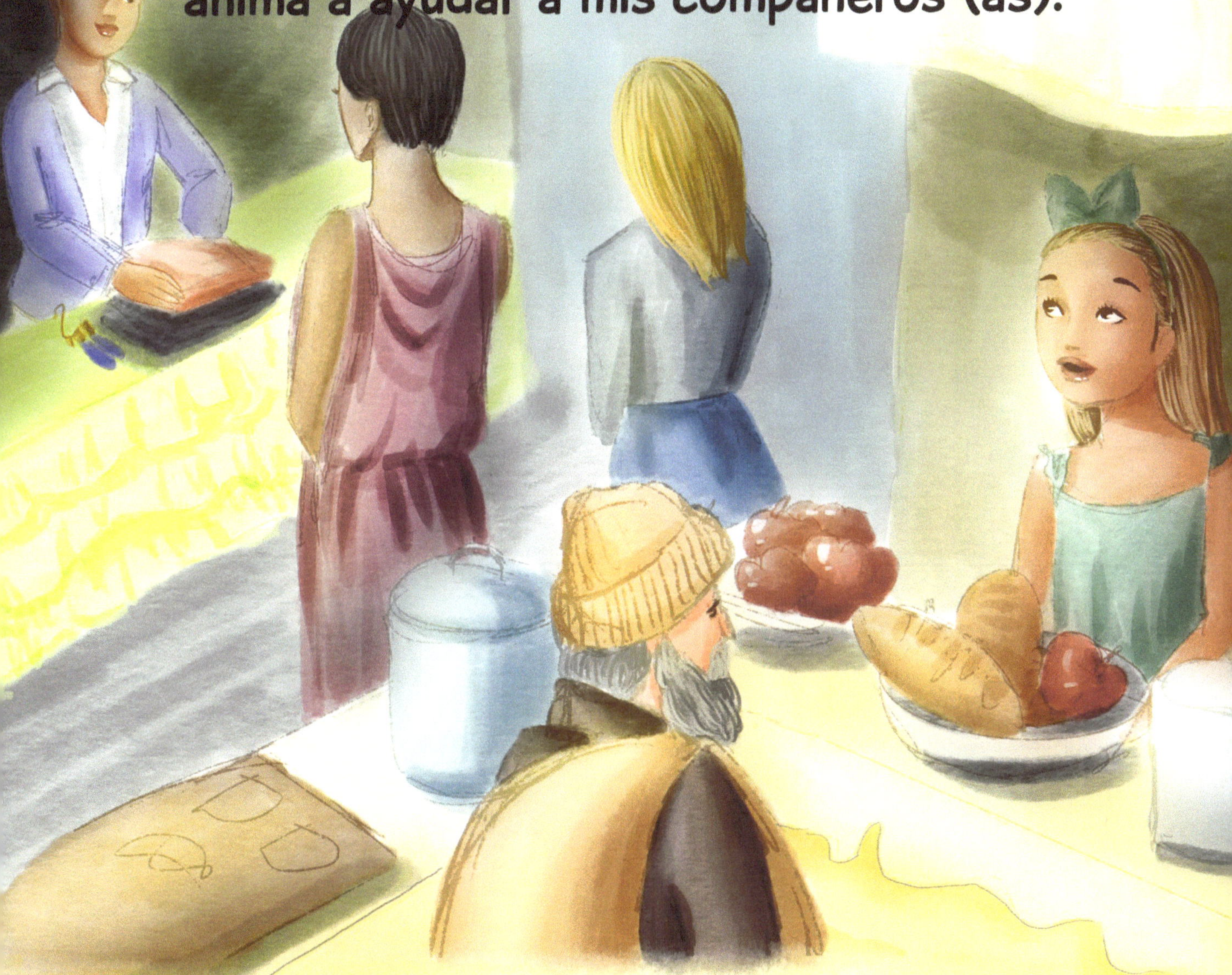

" Tiende la mano al pobre y con ella sostiene al necesitado." (Prov. 31:20)

Cuando llega el invierno, mamá nos abriga bien. Ella vive sin miedo y nos ha criado para ser brillantes.

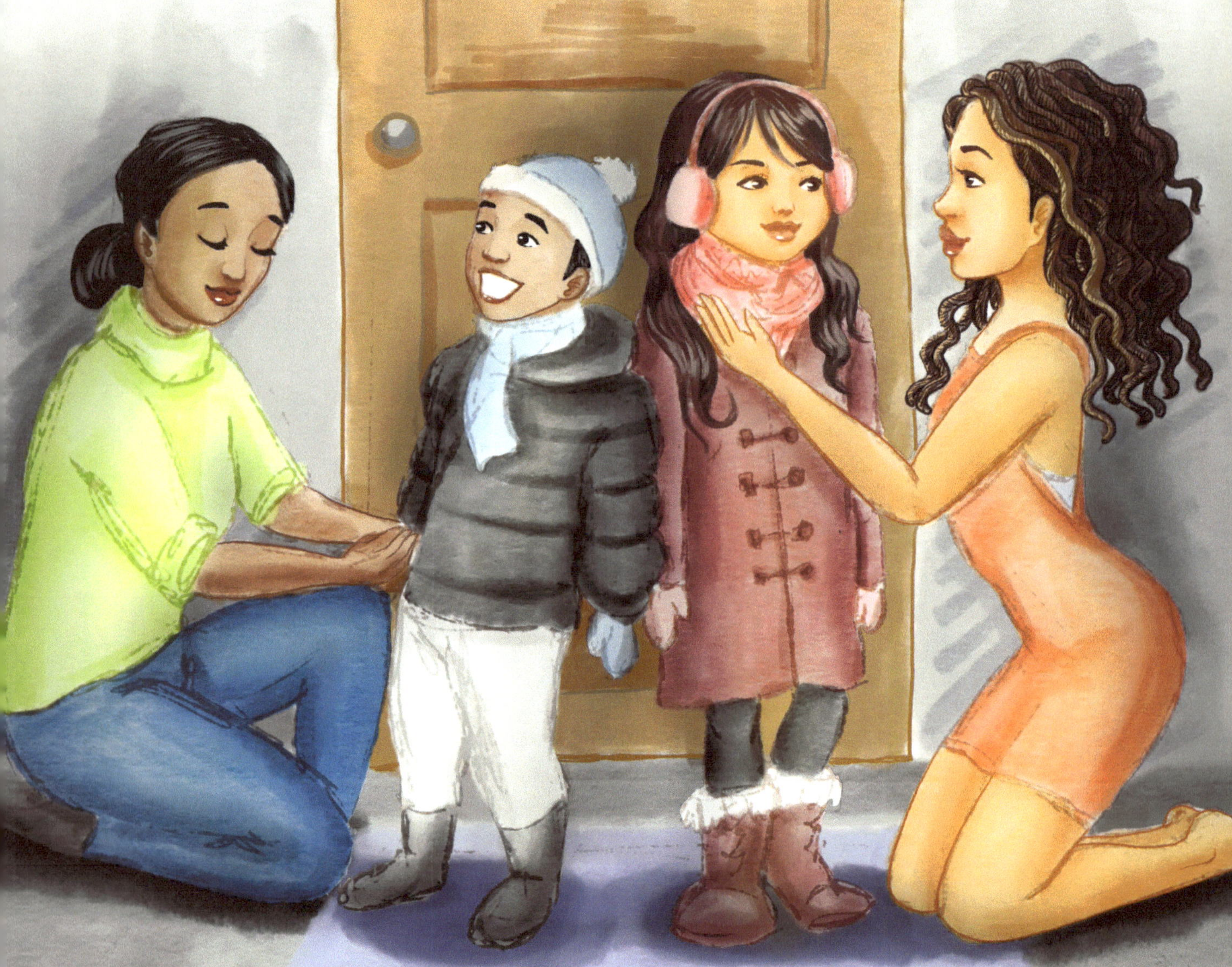

"Si nieva, no tiene que preocuparse de su familia, pues todos/as están bien abrigados/as." (Prov. 31: 21)

A mamá le encanta la moda, especialmente sus joyas y accesorios. Sus vestidos son hermosos y parecen de la realeza, no solo en sus aniversarios.

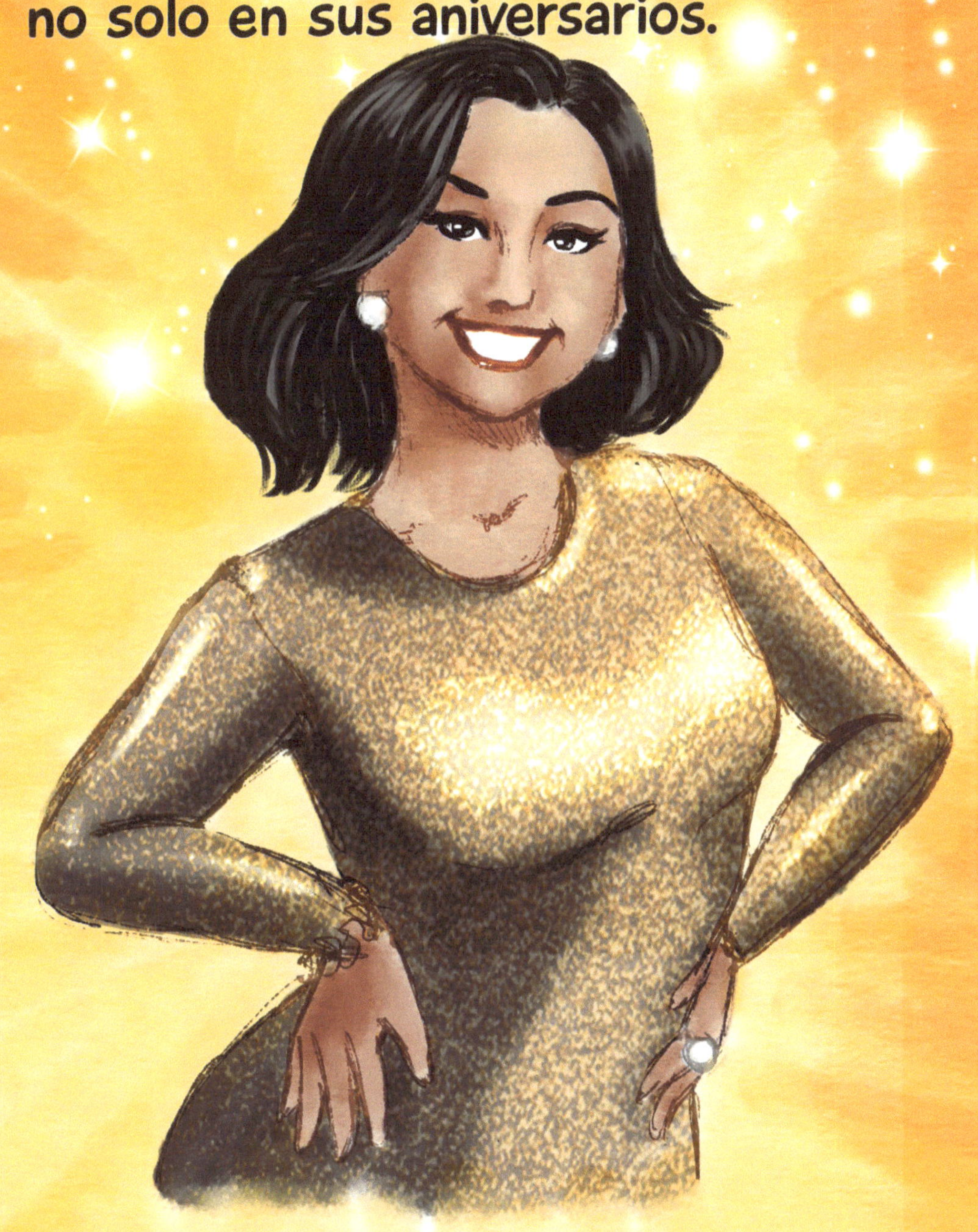

"Las colchas las cose ella misma,
y se viste de púrpura y lino fino." (Prov.31: 22)

Mami no se preocupa por el mañana, no hay necesidad de dolor. En cambio, muestra fuerza, alegría y dignidad. Ella confía en Dios por la eternidad.

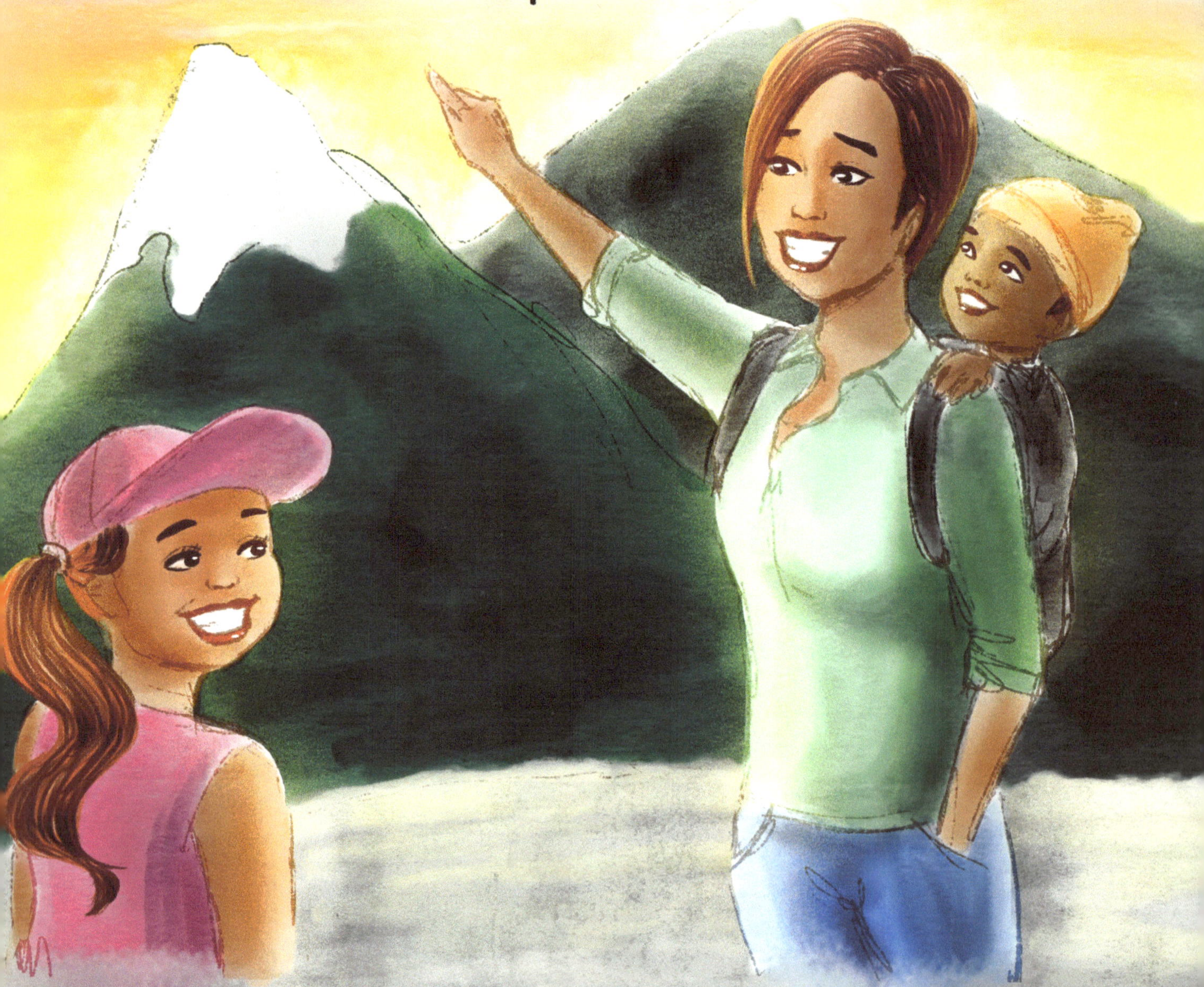

"Se reviste de fuerza y dignidad, y afronta segura el porvenir." (Prov. 31:25)

Lo que más amo de mi mamá es que está llena de sabiduría. Mami nos enseña sobre el reino de Dios.

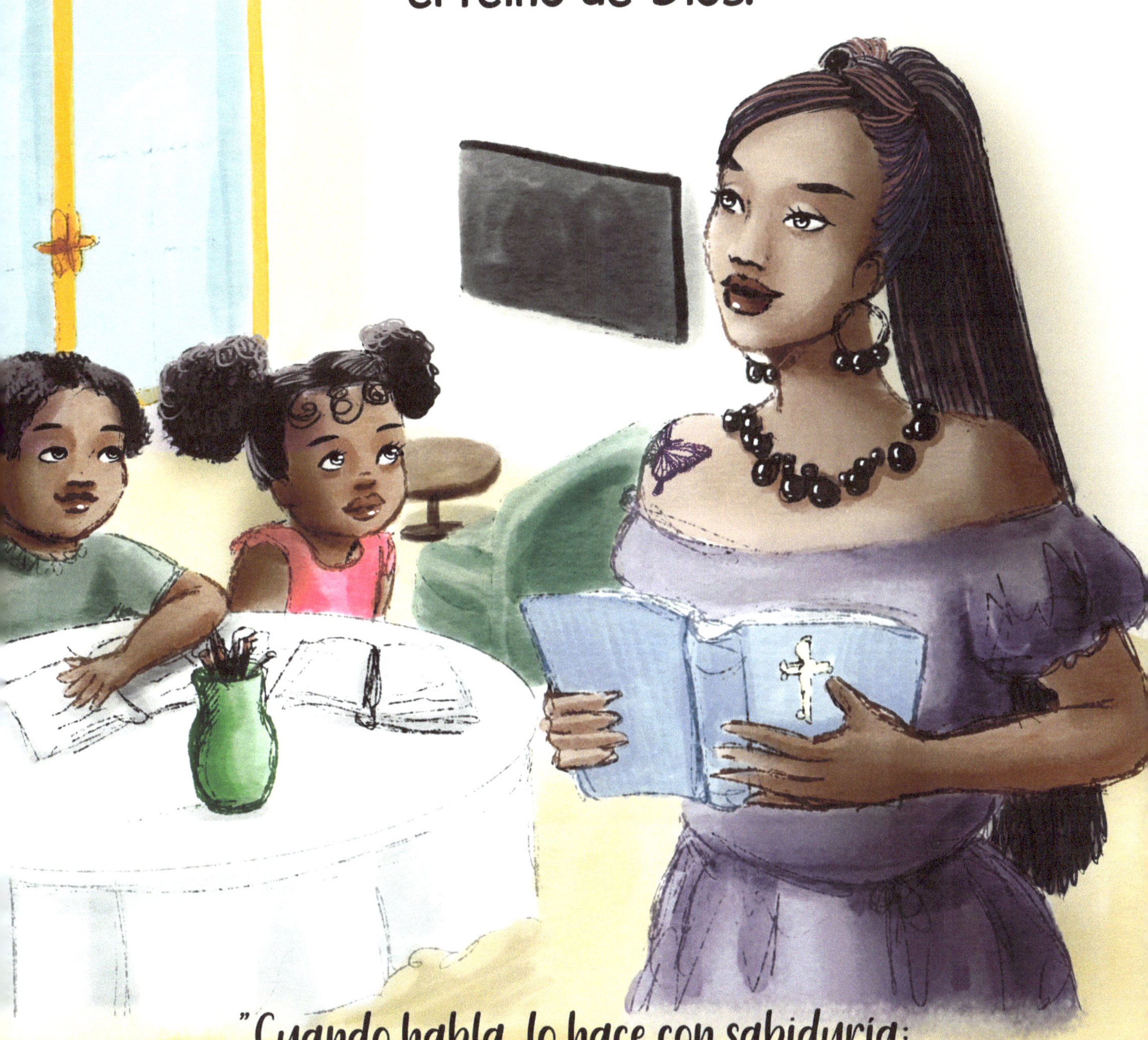

"Cuando habla, lo hace con sabiduría; cuando instruye, lo hace con amor." (Prov. 31:26)

Mami mantiene nuestra casa en orden. Ella se asegura de pasar tiempo conmigo a medida que crezco.

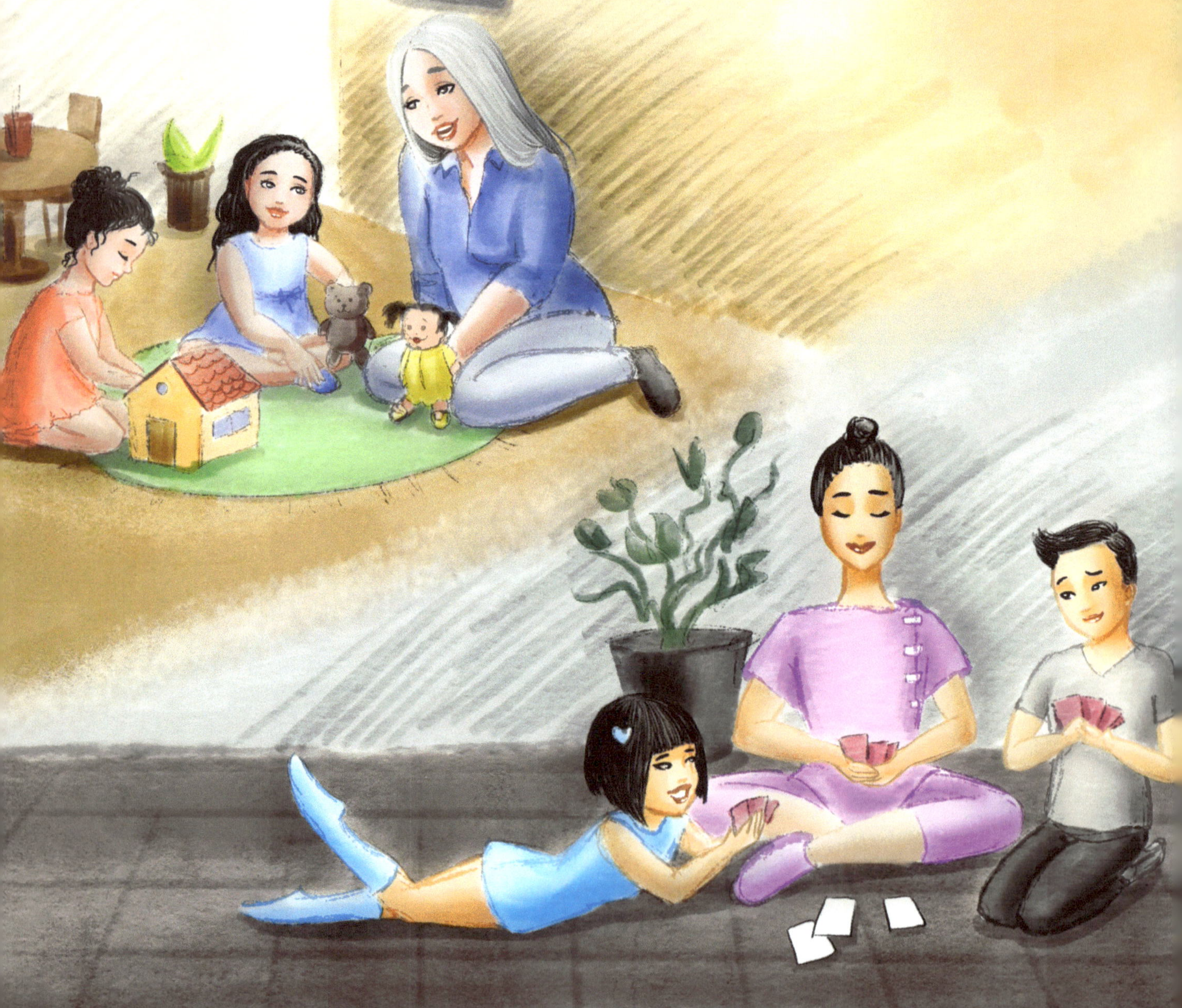

" Está atenta a la marcha de su hogar, y el pan que come no es fruto del ocio." (Prov. 31:27)

Estoy agradecida de tener a mi mami y siempre lo confesaré, nos levantamos y la llamamos Bendita.

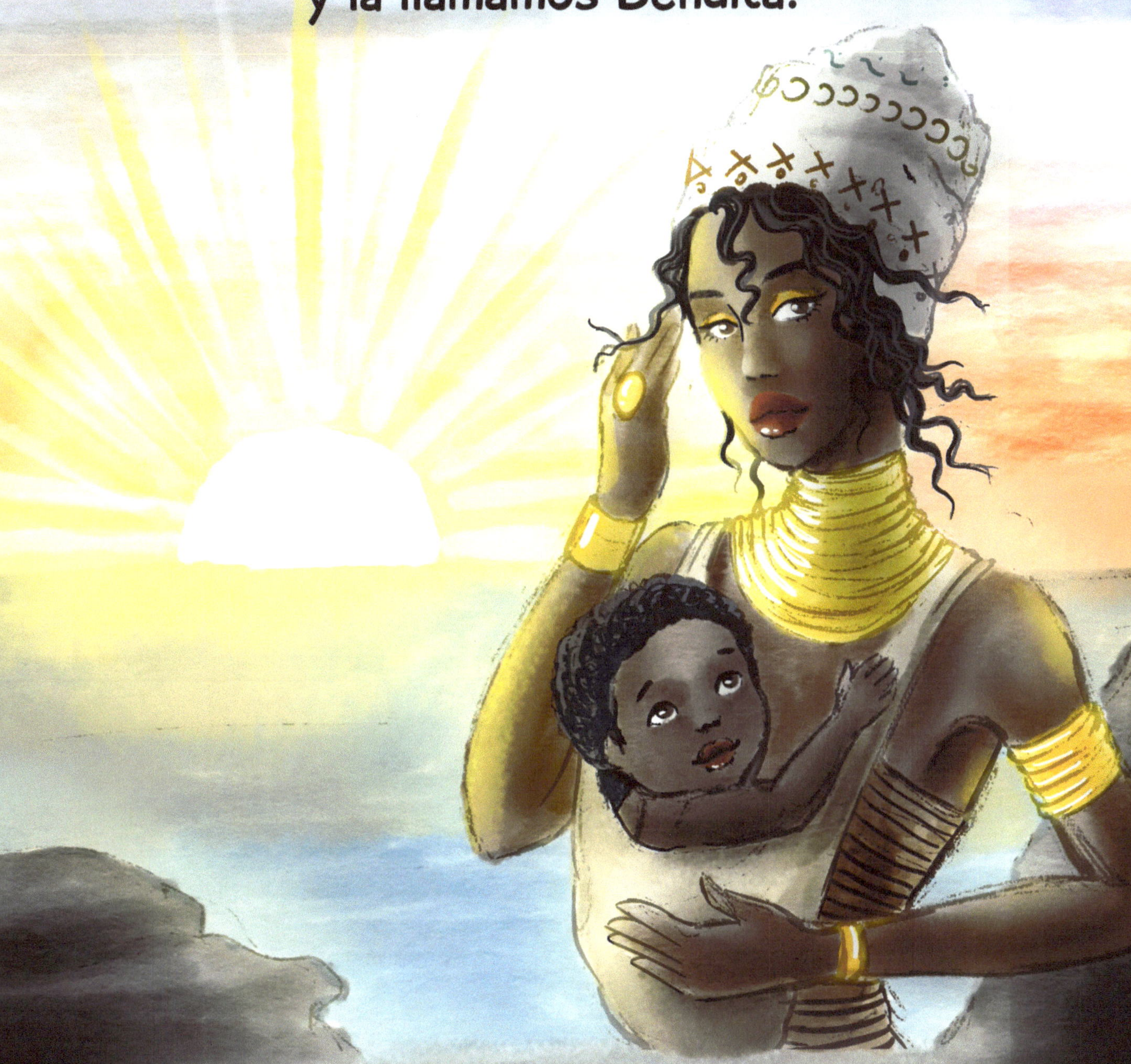

"Sus hijos se levantan y la felicitan; también su esposo la alaba:" (Prov. 31:28)

Es posible que tengas una Madre, Nana, Abuela, Tía o una figura de Madre, "Ella es bendita", es lo que llamarás. Para mí, mi mami es la mejor de todas.

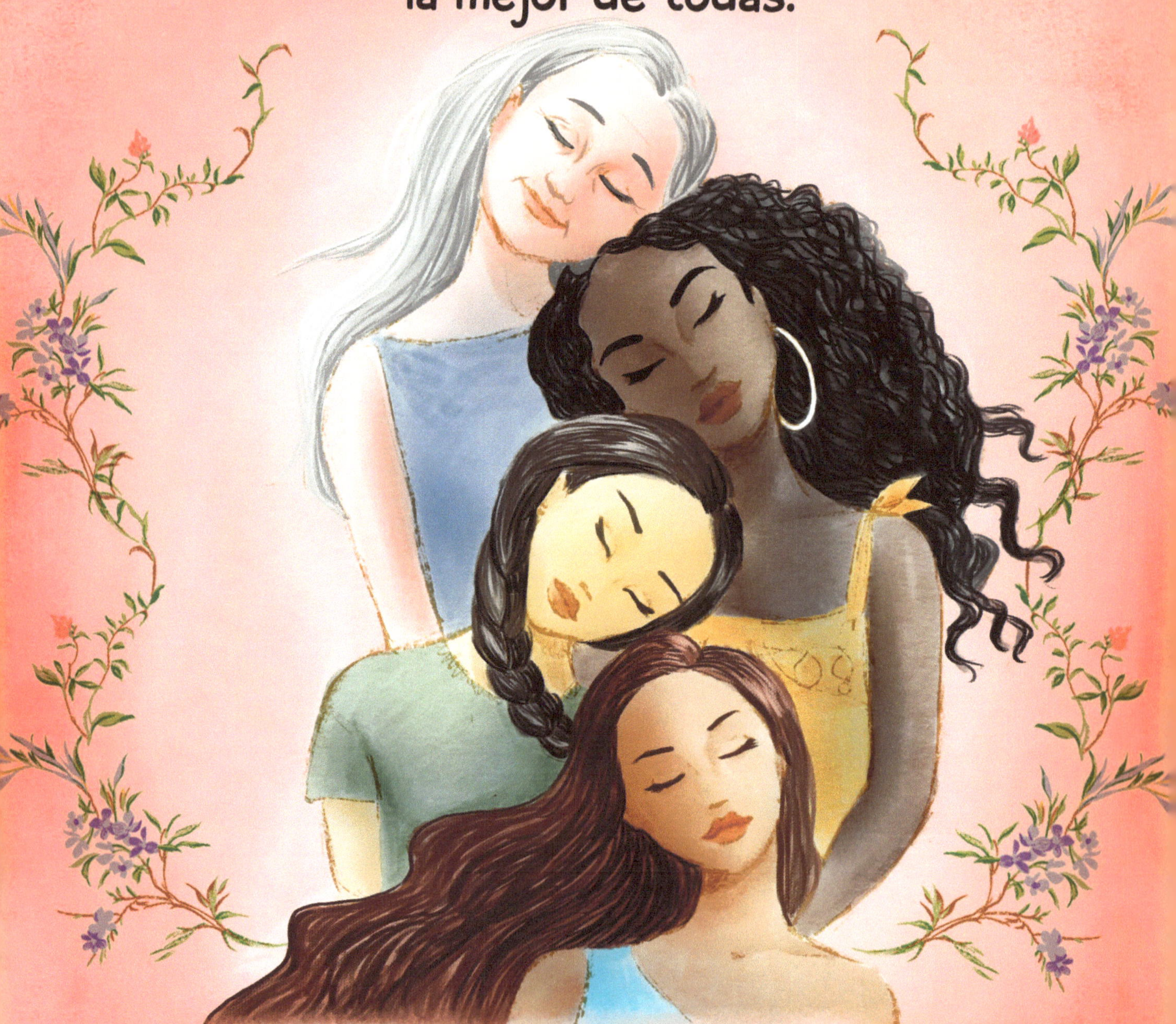

"Muchas mujeres han realizado proezas, pero tú las superas a todas." (Prov. 31:29)

Aunque mi mamá está envejeciendo y su cabello está cambiando de color. Veo que su amor por el Señor se hace más fuerte.

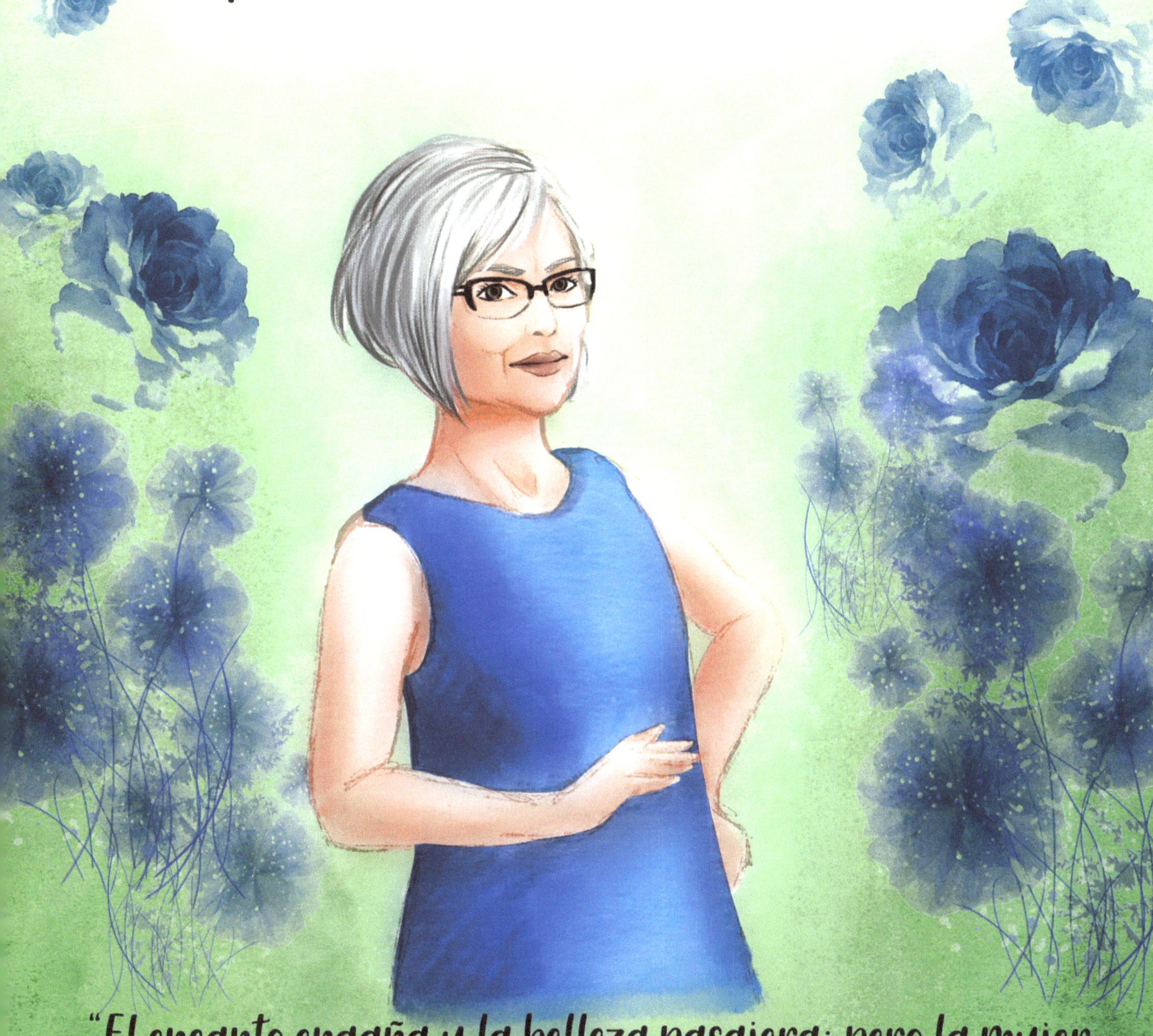

"El encanto engaña y la belleza pasajera; pero la mujer que teme al Señor es digna de alabanza". (Prov. 31:30)

Mi mamá se merece una gran recompensa. Que Dios ha guardado. Un día, se le dará una hermosa corona, para acompañar un hermoso vestido largo.

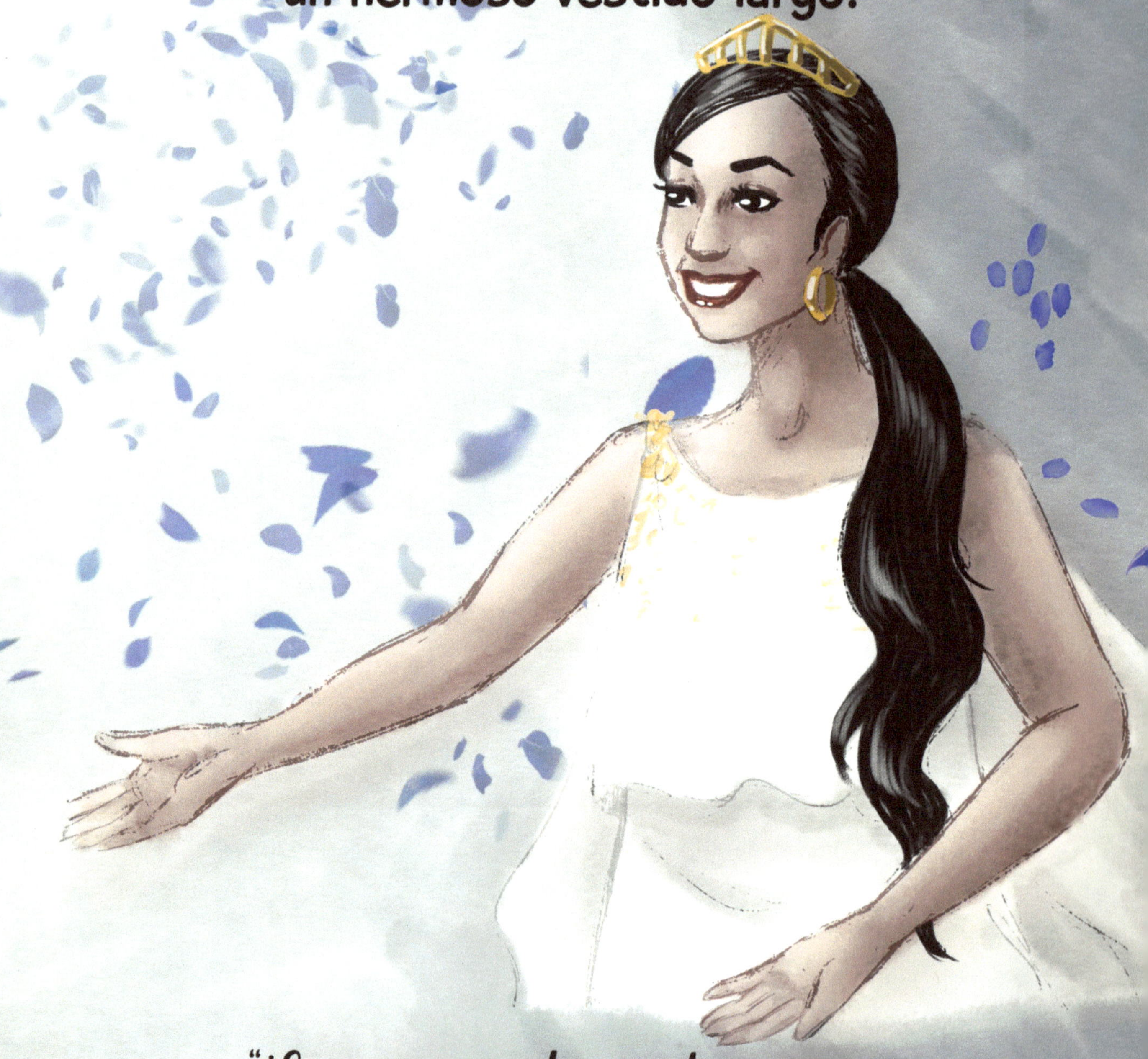

"¡Sean reconocidos sus logros, y públicamente alabadas sus obras!". (Prov.31:31)

Dios te ama y un día puedes ser mamá. Que puedas entender quién quiere Dios que seas para tu familia.Hoy oramos para que tengas una mujer como la mamá descrita en esta historia en tu vida. Que puedas celebrarla, sienta su amor por ti y comprenda que tu eres parte de la historia del amor de Dios.

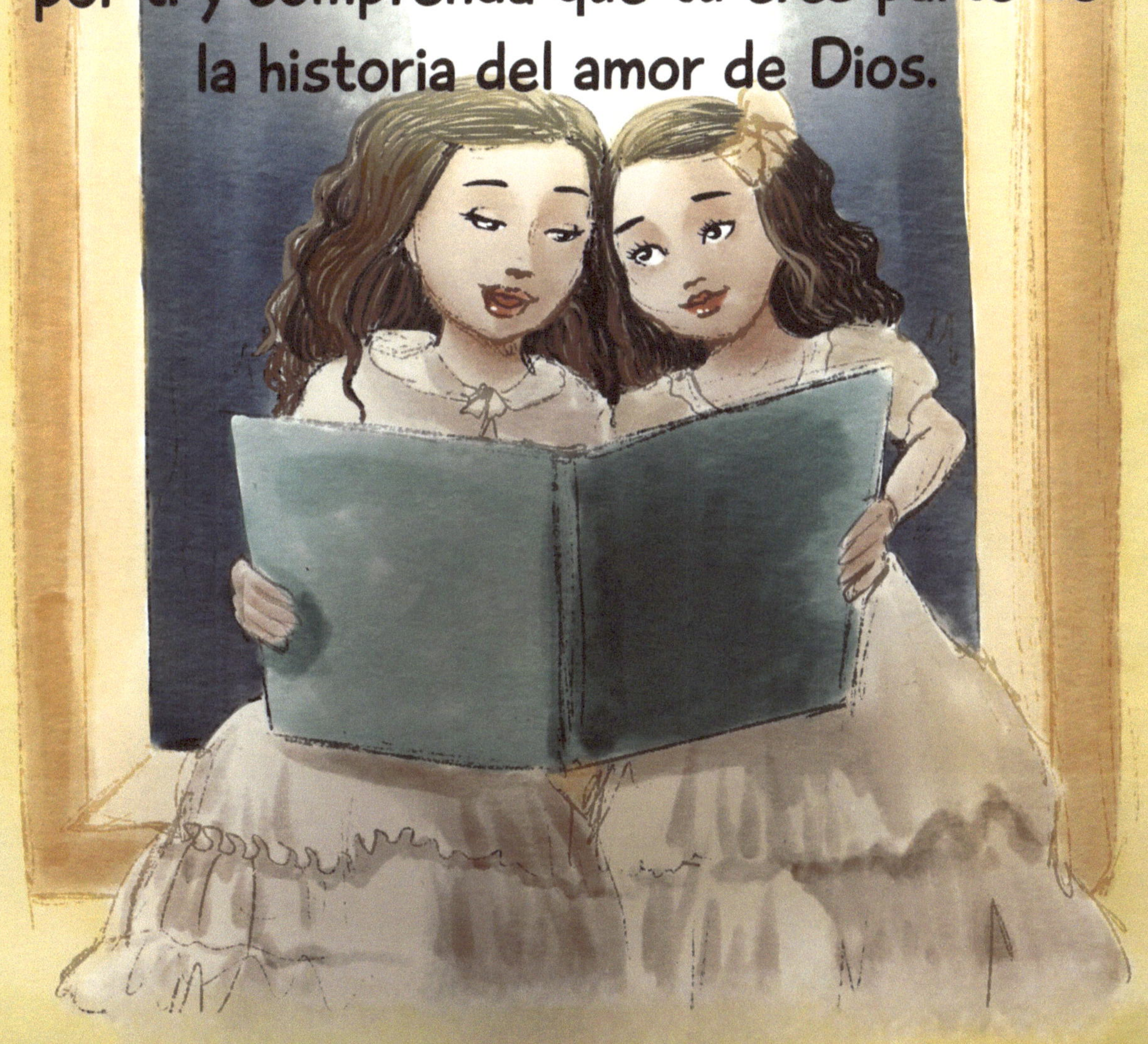

www.ingramcontent.com/pod-product-compliance
Lightning Source LLC
LaVergne TN
LVHW070209110826
845147LV00002B/541

* 9 7 8 1 9 5 3 7 5 1 1 6 4 *